P9-DJV-460

Cántale a tu Bebé®

Canciones de amor y de juego para familias primerizas

Libro y canciones de Cathy Fink y Marcy Marxer
Ilustraciones de James Nocito
En la voz de Sonia De Los Santos y Jorge Anaya

www.cántaleatubebé.com

©℗ 2017 Cántale a tu Bebé® Una división de Community Music, Inc.

Community Music, Inc.
P.O. Box 461, Kensington, MD 20895

Copyright © 2017 de Cathy Fink y Marcy Marxer
Todos los derechos reservados. Ninguna parte de este libro puede ser reproducida.
Publicado por Community Music, Inc. Kensington, MD
Printed in Canada.
Tercera edición

El texto de las letras de las canciones está impreso en Cochin Bold
Toda la letra cursiva ha sido creada por James Nocito

Para información sobre ediciones personalizadas, ventas especiales,
ventas para educación al por mayor, compras premium y para empresas,
ponerse en contacto con info@singtoyourbaby.net

ISBN: 978-0-692-82145-9
Número de catálogo de Biblioteca del Congreso: 2017930057

Índice

Canciones e Ilustraciones

Carta de Cathy y Marcy,
Creadoras de *Cántale a tu Bebé*®

Queridos Mamá, Papá y otra gente maravillosa que le vaya a cantar a su bebé,

Como músicos, cantantes, y cantautoras de toda la vida, hemos podido experimentar el poder que tiene la música en las vidas de los niños y sus padres. Tener un nuevo pequeño en casa es un tiempo de alegría y asombro. Los padres quieren hacer todo lo posible para conectar con su recién nacido y para fortalecer esa conexión a lo largo del crecimiento del bebé. Una de las mejores maneras de crear una conexión mutua es *Cántale a tu Bebé*®.

En miles de conciertos familiares durante más de 25 años, hemos oído a muchos padres decir "Me gustaría haberle cantado a mi bebé, pero…" – y por alguna razón no lo hicieron. Por eso hemos diseñado un programa para todos los padres, abuelos y otros seres queridos que rodeen al nuevo bebé. Con nuestra ayuda podrás coger a tu bebé en brazos y cantar sin miedo – gracias a las pistas. Cantar es una herramienta fundamental de comunicación que dura años al usar la música para divertirse en familia, desarrollando nuevas habilidades a través de una expresión de amor constante.

Según experimentábamos con este proyecto, fuimos encontrando padres con gran expectación que querían empezar a cantarles a sus bebés cuando todavía estaban en el vientre materno. También había hermanos que cantaban con los padres. Algunos incluso les cantaban a sus muñecas mientras los padres le cantaban al bebé. Hay muchas maneras de usar un concepto tan simple como una canción cantada desde el corazón (y a veces desde el hueso de la risa).

Compártelo con padres, abuelos, cuidadores, tíos, hermanos, padrinos y madrinas. Es más, tómate el tiempo necessario convertir este libro y canciones en una actividad diaria. La recompensa de *Cántale a tu Bebé*® durará una vida entera.

Únete a nosotros en www.cántaleatubebé.com. Nos encantaría saber tu opinión, ver tus fotos mientras le cantas a tu bebé y mantenerte al corriente de las nuevas canciones y actividades que vayamos creando.

Cathy y Marcy

NOTA SOBRE EL REGISTRO DE LAS CANCIONES
Cada voz es única y los hombres y las mujeres normalmente cantan en escalas diferentes. Por eso hemos grabado cada canción en dos tonalidades distintas. Aunque las canciones para las madres están cantadas por una voz femenina, y las canciones para los padres con una voz masculina, deberías cantar en la tonalidad que le sirva mejor a tu voz. Cada página contiene un recuadro con el número de canción o pista, así como la tonalidad en la que se debe cantar. Aquí puedes ver un ejemplo:

Pista 1   Pista 12
Mamá-DO   Papá-SOL

CÁNTAME (de parte del bebé)

¡Soy tu bebé y me encanta tu voz!

No importa que no seas un cantante profesional o un buen cantante. Relájate – ¡Yo creo que eres una estrella! Así que sin estrés ni críticas, ¡vamos a cantar!

¡Saquemos tiempo para hacerlo!

Sé que estás ocupado – eso es lo que significa que seas mi mamá o mi papá. Pero no tienes que aprenderte todas las canciones de una sola vez. Empecemos escuchando juntos. Te aprenderás la letra en seguida y siempre podrás usar el libro si necesitas ayuda.

¡Aprende la letra en cualquier momento!

También puedes escuchar y aprenderte las canciones cuando estemos separados: cuando estés yendo a trabajar, cuando estés limpiando la casa, cuando estés haciendo ejercicio, cuando vayas a hacer recados, o de noche cuando quieras relajarte (¡esto último también lo puedes hacer conmigo!).

¡Sólo tú y yo!

Piensa en escuchar las canciones en un dispositivo portátil para que puedas ponerte un auricular en la oreja (cuidado con el volumen) y con la otra puedas escucharme a mí y a todo lo que me rodea. Así sólo te oiré a TI. ¡Me encanta oír tu voz!

¡Apréndete las canciones antes de que yo llegue!

Empieza a cantarlas incluso antes de que nazca, y luego simplemente ¡sigue cantando!.

¡No me importa que no te sepas la letra completa!

Tararea la canción y no te preocupes por la letra. Cuando tarareas me siento aliviado y relajado. Usa "la la la" en lugar de las palabras si eso te gusta más que tararear – para los que tenemos un vocabulario limitado, "la la la" es muy divertido.

¡Cántame con o sin el libro!

Es muy fácil leer las canciones con el libro abierto sobre una mesa o en el suelo. Antes de que te des cuenta, me estarás cantando las canciones sin necesidad de usar el libro o las pistas.

¡Mis hermanos y hermanas pueden cantar contigo también!

Si tengo la suerte de tener hermanos o hermanas, pueden cantar contigo también. Les encanta cogerme en brazos y ayudar a Papá y Mamá. ¡También me gustaría escuchar sus voces!

¡Juguemos con las letras de las canciones!

Cantar ES jugar, y la creatividad forma parte de la diversión. Puede que se te ocurra una letra especial o diferente que quieras cantarme. Invéntate una letra propia que sólo conozcamos nosotros.

¡Pon mi nombre en alguna canción!

Pon mi nombre en las partes de las canciones donde haya que decir "bebé". En lugar de "¡Ay, cómo se ríe mi bebé!", puedes cantar "¡Ay, cómo se ríe mi bebé!". En muy poco tiempo empezaré a pensar "¡Ese soy yo!".

¡Juguemos cantando todos los días!

Una vez que te hayas familiarizado lo suficiente con las canciones y que no necesites las grabaciones, simplemente sigue cantándome. Pero si crees que estás más cómodo cantando con las grabaciones, no te preocupes.

¡Vamos a hacer amigos!

Podemos reunirnos con tus amigos y sus bebés y cantar todos juntos en el salón. Así podremos crear lazos con nuestros amigos y también entre nosotros.

Amor Es Lo Que Siento Por Ti

Yo siento amor por ti
Amor dentro de mí
Cuando te abrazo, amor
Yo siento amor por ti

Yo siento paz por ti
Paz en mi corazón
Dentro de mí hay paz
Yo siento paz por ti

Yo siento fe en ti
Dentro de mí hay fe
Cuando te abrazo hay fe
Yo siento fe en ti

Yo siento alegría por ti
Aquí en mis brazos sí
Siento felicidad
Yo siento alegría por ti

Yo siento amor por ti
Amor dentro de mí
Cuando te abrazo, amor
Yo siento amor por ti

Pista 1 Mamá-RE
Pista 12 Papá-SOL

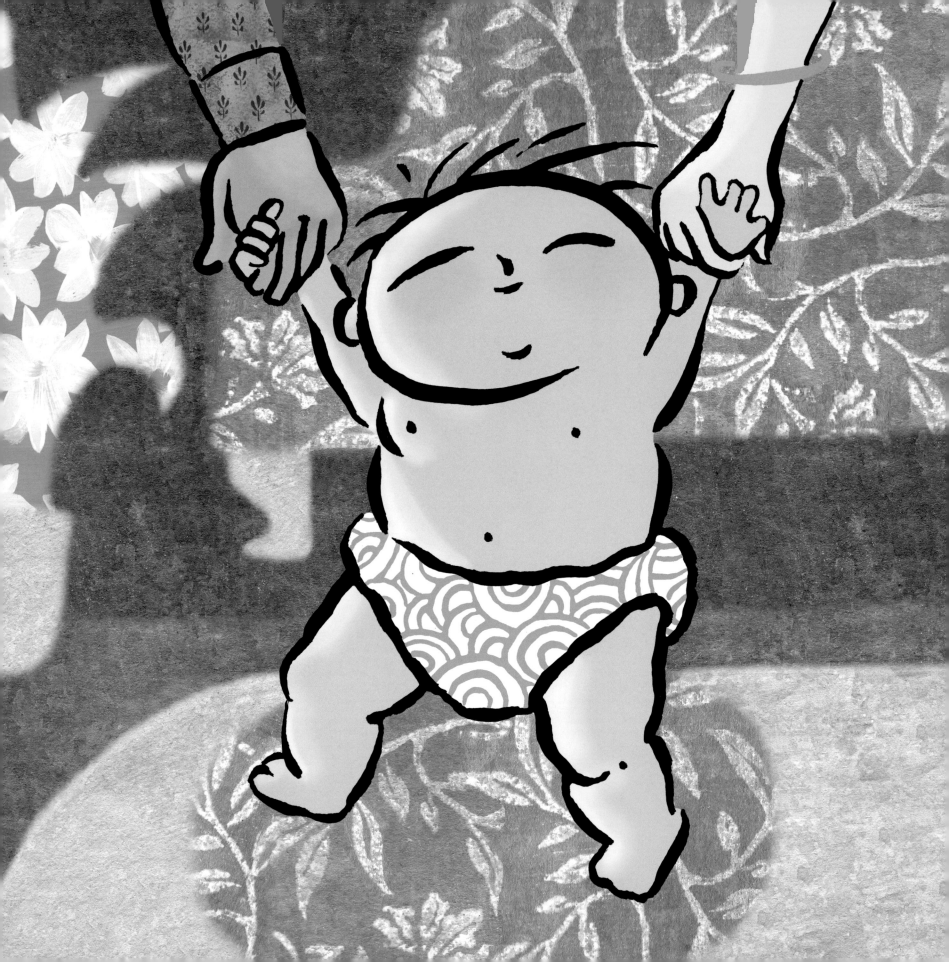

Mecer A Mi Bebé

1. Mezo a mi bebé por la mañana
   Mezo a mi bebé por la tarde
   Mezo a mi bebé por la mañana
   Mezo a mi bebé y yo me siento bien

2. Baila mi bebé

3. Canta mi bebé

4. Arrullo a mi bebé

5. Ta ra ra ra ra

6. La ra ra ra ra

7. Aplaude mi bebé

8. Baila mi bebé

9. Canta mi bebé

10. Mezo a mi bebé

11. Mezo a mi bebé

Pista 2 Mamá-DO
Pista 13 Papá-MI

Despierta

Abre los ojitos bebé
Abre los ojitos bebé
Abre los ojitos, mi pequeño bomboncito
Abre los ojitos bebé

Beso a mi bebito así *(beso)*
Beso a mi bebito así *(beso)*
Beso a mi bebito, mi pequeño bomboncito
Beso a mi bebito así

Mezo a mi bebito así
Mezo a mi bebito así
Mezo a mi bebito, mi pequeño bomboncito
Mezo a mi bebito así

Una cosquillita así *(cosquillas)*
Una cosquillita así *(cosquillas)*
Una cosquillita, mi pequeño bomboncito
Una cosquillita así

Abre los ojitos bebé
Abre los ojitos bebé
Abre los ojitos, mi pequeño bomboncito
Abre los ojitos bebé

Pista 3 Mamá-DO
Pista 14 Papá-RE

13

Barquito

Un barquito azul se mece en el agua
Bajo el brillante sol
Un barquito azul se mece en el agua
Bajo el brillante sol

Coro: Uuuu, vamos otra vez
Uuuu, bajo el brillante sol

Un pequeño pez nadando en el agua
Bajo el brillante sol (x2)

Coro: Uuuu, vamos otra vez
Uuuu, nada en el brillante sol

Una conchita flota en el agua
Bajo el brillante sol (x2)

Coro: Uuuu, vamos otra vez
Uuuu, flota en el brillante sol

Una gotita salta en el agua
Bajo el brillante sol (x2)

Coro: Uuuu, vamos otra vez
Uuuu, salta en el brillante sol

La, La La…

Coro: Uuuu, vamos otra vez
Uuuu, bajo el brillante sol

Pista 4 Mamá-FA
Pista 15 Papá-SOL

Tarara

Hablado
Tararí, tararé, tararú, tarará
canto y bailo de aquí para allá
tararí, tararú, tarará, tararé
así tarareando te veré crecer

Cantado
Tararí, tararé, tararú, tarará
canto y bailo de aquí para allá
tararí, tararú, tarará, tararé
así tarareando te veré crecer

Pista 5 Mamá-DO
Pista 16 Papá-MI

Te Amo

La ra ra ra ra ra ra (x3)
La ra ra ra
Te amo

Mm mm mm mm mm mm mm (x3)
Mm mm mm mm
Te amo

U u u u u u u (x3)
U u u u
Te amo

La ra ra ra ra ra ra (x3)
La ra ra ra
Te amo

U u u u u u u (x3)
U u u u
Te amo

Pista 6 Mamá-SI
Pista 17 Papá-RE

Uno, Dos, Tres

(El bebé tiene que ser capaz de mantener su propia cabeza levantada antes de poder cantar esta canción.)

Sube, sube
Sube mi bebé
Sube, sube 1-2-3!
(x2)
(Subir despacio al bebé)

Palmas, palmas
Palmas mi bebé
Palmas, palmas 1-2-3!
(x2)
(Dar palmas con las manos del bebé)

Un dedito
Toco a mi bebé
Un dedito 1-2-3!
(x2)
(Tocar cada dedito del bebé)

Dos bracitos
Tiene mi bebé
Dos bracitos 1-2-3!
(x2)
(Levantar los bracitos del bebé)

Un abrazo
Para mi bebé
Un abrazo 1-2-3!
(x2)
(¡Ya sabes qué hacer!)

Pista 7 Mamá-DO
Pista 18 Papá-DO

¡Cómo Se Ríe Mi Bebé!

¡Ay, cómo se ríe mi bebé!
¡Ay, cómo se ríe mi bebé!
¡Ay, cómo se ríe mi bebé!
Le hago cosquillitas en los pies

Le hago cosquillita en la rodilla

Le hago cosquillita en la pancita

Le hago cosquillita en la manita

Le hago cosquillitas en el cuello

Le hago cosquillita en la mejilla

Le hago cosquillita en la orejita

Y ahora vamos al revés
(mejilla, cuello, manita, pancita, rodilla)

Pista 8 Mamá-DO
Pista 19 Papá-FA

23

Mi Pequeñito

Ven mi pequeñito
Mi bebé chiquitito
Mi pequeño bebito que amo yo

Te amo más que a nadie
Te quiero mi pequeño
Yo te canto mi canción
Y te doy mi corazón

Dame tu manita
y bailemos tú y yo
Al ritmo del ukelele
Danzaremos

Ven mi pequeñito
Mi bebé chiquitito
Mi pequeño bebito que amo yo

Mi pequeñito
Mi pequeño bebito que amo yo

Pista 9 Mamá-FA
Pista 20 Papá-SOL

¡Adiós, Adiós!

1. Adiós, Adiós
   Mis amigos
   Adiós, Adiós
   Mis amigos
   Mis amigos ya se van
   Con mis dedos digo adiós
   Adiós, Adiós
   Mis amigos

2. Un besito, un besito
   Doy besitos
   Un besito, un besito
   Doy besitos
   Un besito una vez más
   Los amigos ya se van
   Un besito, un besito, doy besitos

Pista 10 Mamá-MI
Pista 21 Papá-RE

Donde Tú Estés, Ahí Estaré

Coro: Donde tú estés ahí estaré
Siempre te acompañaré
Conmigo puedes contar
Te Amo

1. Cuando des tu primer paso
   Sin la ayuda de mi brazo
   Cuando puedas ya correr
   Cuanto te voy a querer

Coro

2. Cuando ates tus zapatos
   Y caminemos largos ratos
   Cuando al fin puedas leer
   Sabes te voy a querer

Coro

3. Cuando se caigan tus dientes
   Y comas cosas diferentes
   Si el cielo intentas tocar
   Sabes que te voy a amar

Coro

4. Cuando en tu cama descanses
   Y sueñes con los días de antes
   Nunca olvides recordar
   Que siempre te voy a amar

Coro

Pista 11 Mamá-DO
Pista 22 Papá-RE

29

Cántale a tu Bebé® - **Guía para Padres**
Laura G. Brown, Ph.D.

Cántale a tu Bebé® presenta canciones simples que los padres pueden aprender mientras cantan con las pistas. Más tarde podrás también cantar de forma independiente con tu hijo o hija. Esta guía incluye ideas sobre cuáles son las mejores maneras de usar este libro y de cómo jugar cantando para divertirse durante el tiempo que pasen cantando juntos. Para conseguir más información sobre las diferentes reacciones que puede tener tu bebé hacia estas canciones, visita **www.cántaleatubebé.com.**

¿Qué es jugar cantando?

Cantar es una forma de juego creativa. Imagina que te haces pasar por un animal mientras cantas una canción sobre animales, de esa forma estás fomentando un modo de juego creativo mientras cantas. También irás incorporando creatividad según vayas personalizando las canciones al añadir gestos, personalizar las letras para ti y para tu bebé, o idear nuevas formas de cantarlas.

¿Por qué cantarle a tu bebé?

¡Cantarle a tu bebé es simplemente divertido! En esta sociedad acelerada y que está tan orientada a realizar los objetivos personales, es fácil olvidar lo importante que es disfrutar del proceso para llegar a alcanzarlos. Puede ser que el mayor regalo que puedas ofrecer a tu bebé y a ti mismo sea tiempo para relajarse y divertirse, así como el mensaje constante de lo importante que es hacerlo. ¡Les deseamos, a ti y a tu bebé, muchas horas de felicidad cantando juntos!

Crear lazos

Crear lazos con tu bebé es, seguramente, la razón más satisfactoria para cantar con él. Crear lazos se refiere a los fuertes sentimientos que se desarrollan entre un bebé y sus padres. Para algunos padres, esos sentimientos están ahí en el momento en que el bebé nace. Para otros toma un poco más de tiempo desarrollarlos. En cualquier caso, crear lazos forma parte de un proceso que continúa según crece la relación entre los padres y el bebé. Crear estos lazos es esencial para el bienestar de un niño. La relación entre los padres y un niño es el modelo en el que el niño se basará para crear sus relaciones cuando crezca, por lo que crear lazos fuertes puede facilitar las relaciones que tenga tu bebé en el futuro. Tener lazos fuertes también da al bebé una sensación de seguridad, de identidad y de valor personal.

Los padres no tienen que "hacer" nada para que estos lazos se creen. Los lazos crecen con la convivencia y el cuidado diario hacia el bebé. Pero comunicar amor a través de la cercanía, los juegos y el tacto puede ayudar a fomentar esos sentimientos. Cantarle a tu bebé es una forma íntima de alcanzar estos objetivos.

Interés por la música

Cantar a los niños ayuda a fomentar el interés por la música. Los niños pequeños quieren, de forma natural, estar cerca de sus padres y disfrutar las cosas que hacen. Por eso, si dejas claro que te encanta la música al cantarle a tu bebé, tus hijos seguramente sigan tus pasos.

Capacidades cognitivas

Constantemente aprendemos cosas nuevas sobre la relación entre el acceso a la música y la educación musical, y el desarrollo de las capacidades cognitivas. Por ejemplo, el ritmo y la rima como aspectos prominentes en la mayoría de las canciones, fomentan una clara atención al sonido en el lenguaje que está relacionada con las capacidades previas a la lectura. No estamos insinuando que solamente cantándole a tu bebé conseguirás que sea bueno para las matemáticas o la lectura, pero es una forma fantástica de fomentar el interés de tu bebé por la música que además podrá abrirle la puerta a más experiencias musicales beneficiosas para su crecimiento.

Transiciones

Los bebés y los niños pequeños están mejor cuando sus días están estructurados y se guían por una rutina. Se sienten seguros cuando la vida es predecible. Aun así, los niños pequeños también suelen tener dificultades en acabar una tarea que están disfrutando (es difícil dejar de jugar para recoger antes de cenar). Las canciones son una forma muy buena de ayudar a los niños a crear una transición hacia la siguiente actividad. Cantar la misma canción de buenas noches todos los días les enseña que se acerca la hora de dormir y que es hora de calmarse. De la misma manera, una canción energética puede ayudar a un bebé a trasladar su concentración del juego a empezar a recoger casi sin darse cuenta.